<ruby>献<rt>xiàn</rt></ruby> <ruby>给<rt>gěi</rt></ruby> Yoona <ruby>以<rt>yǐ</rt></ruby> <ruby>及<rt>jí</rt></ruby> <ruby>所<rt>suǒ</rt></ruby> <ruby>有<rt>yǒu</rt></ruby> <ruby>其<rt>qí</rt></ruby> <ruby>它<rt>tā</rt></ruby> <ruby>充<rt>chōng</rt></ruby><ruby>满<rt>mǎn</rt></ruby><ruby>好<rt>hào</rt></ruby> <ruby>奇<rt>qí</rt></ruby> <ruby>心<rt>xīn</rt></ruby> <ruby>的<rt>de</rt></ruby> <ruby>孩<rt>hái</rt></ruby> <ruby>子<rt>zi</rt></ruby> <ruby>们<rt>men</rt></ruby>。

<ruby>要<rt>yào</rt></ruby><ruby>永<rt>yǒng</rt></ruby> <ruby>远<rt>yuǎn</rt></ruby> <ruby>追<rt>zhuī</rt></ruby><ruby>逐<rt>zhú</rt></ruby> <ruby>梦<rt>mèng</rt></ruby> <ruby>想<rt>xiǎng</rt></ruby>。

For Yoona, and all the other young curious minds.
Never stop dreaming.

gōng　　zhāo　　jùn

宫崎骏
Hayao Miyazaki

hěn jiǔ hěn jiǔ yǐ qián zài rìběn dōngjīng zhù zhe yī wèi jiào gōngzhāojùn de
很久很久以前，在日本东京，住着一位叫宫崎骏的

xiǎo nán hái tā de bàba zài yī jiā shēng chǎn fēi jī líng jiàn de gōng sī
小男孩。他的爸爸在一家生产 飞机零件的公司

gōngzuò suǒyǐ gōngzhāojùn cóngxiǎo jiù xǐ huān kàn fēi jī hái xǐ huān huà fēi jī
工作，所以宫崎骏从小就喜欢看飞机，还喜欢画飞机。

Once upon a time, in Tokyo, Japan, there was a little boy named Hayao Miyazaki. His dad worked at a company that made airplane parts, so Hayao grew up watching airplanes and loved drawing them, too.

gōng zhāo jùn de mā ma jīng cháng shēng bìng cháng cháng zhù yuàn
宫崎骏的妈妈经常 生病，常常 住院。

jǐn guǎn rú cǐ tā yī rán lè guān kāi lǎng
尽管如此，她依然乐观、开朗，

yǒng gǎn de yǔ bìng mó zuò dòu zhēng
勇敢地与病魔作斗争。

Hayao's mom was often very sick and spent a lot of
time in the hospital. Despite this, she was bright,
lively, and bravely fighting her illness.

tóng nián zhè xiē jīng lì ràng gōng zhāo jùn xīn zhōng chōng mǎn le mèng xiǎng
童年这些经历让宫崎骏 心中 充满了梦想

tā cháng cháng xiǎng xiàng nà xiē jì shàn liáng yòu jiānqiáng de nǚ yīng xióng
他常常 想 象那些既善良又坚强的女英雄，

tā men néng gòu kè fú yī qiè kùn nán zhěng jiù shì jiè
她们 能够克服一切困难，拯救世界。

These experiences filled Hayao with dreams of
kind yet strong heroines who could overcome all
obstacles and save the world.

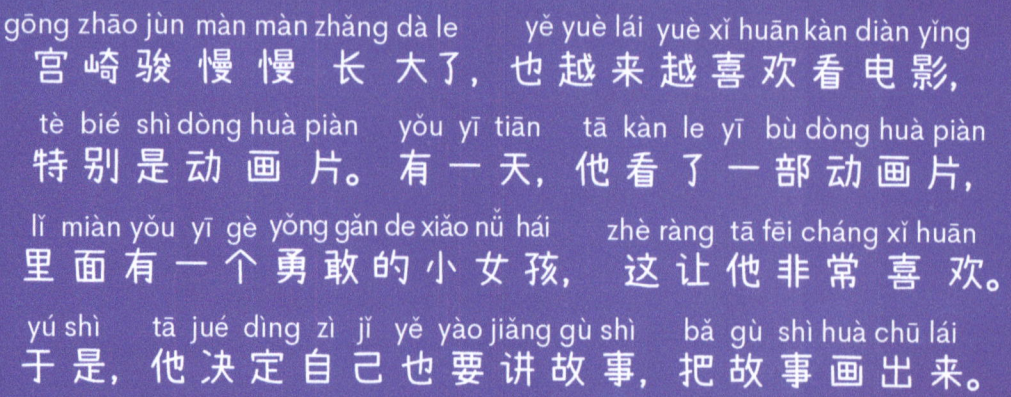

gōng zhǎo jùn màn màn zhǎng dà le　　yě yuè lái yuè xǐ huān kàn diàn yǐng
宫崎骏慢慢长大了，也越来越喜欢看电影，

tè bié shì dòng huà piàn　　yǒu yī tiān　　tā kàn le yī bù dòng huà piàn
特别是动画片。有一天，他看了一部动画片，

lǐ miàn yǒu yī gè yǒng gǎn de xiǎo nǚ hái　　zhè ràng tā fēi cháng xǐ huān
里面有一个勇敢的小女孩，这让他非常喜欢。

yú shì　　tā jué dìng zì jǐ yě yào jiǎng gù shì　　bǎ gù shì huà chū lái
于是，他决定自己也要讲故事，把故事画出来。

As he got older, Hayao loved movies, especially animations.
One day, a brave little girl in an animated film captivated him,
and he decided to make his own stories.

dà xué bì yè hòu gōng zhāo jùn jìn rù le yī jiā
大学毕业后，宫崎骏进入了一家

dòng huà gōng zuò shì tā xiǎng chū le xǔ duō jīng cǎi de
动画工作室。他想出了许多精彩的

gù shì bìng bǎ tā men huà chéng dòng huà hěn duō
故事，并把它们画成动画，很多

rì běn xiǎo péng you dōu hěn xǐ huān zhè xiē dòng huà
日本小朋友都很喜欢这些动画。

After college, Hayao worked at an animation studio. He thought up and drew lots of exciting stories, and kids in Japan loved them.

bù guò　　bìng bù shì suǒ yǒu de dòng huà dōu chéng gōng　yǒu yī bù
不过，并不是所有的动画都成功。有一部

diàn yǐng suī rán tā　fēi cháng nǔ lì　　dàn hái shì méi yǒu chéng gōng
电影虽然他非常努力，但还是没有成功，

zhè ràng gōng zhāo jùn gǎn dào hěn shāng xīn
这让宫崎骏感到很伤心。

However, not all of his animations were successful. When
one movie he had worked really hard on became a flop,
Hayao felt sad and disappointed.

dàn tā méi yǒu fàng qì　yú shì jué dìng cháng shì yī xiē xīn dōng xi
但他没有放弃，于是决定尝试一些新东西—

yǐ tā zì jǐ de fēng gé lái chuàng zuò dòng huà
以他自己的风格来创作动画。

But he knew he couldn't give up. He decided to try something
different—a cartoon series in his own unique style.

tā chuàng zuò de dòng huà hòu lái biàn chéng le yī bù jiào fēng zhī gǔ
他 创 作 的 动 画 后 来 变 成 了 一 部 叫《风 之 谷》

de diàn yǐng jiǎng de shì yī gè míng jiào nà wū xī kǎ de yǒng gǎn nǚ hái
的 电 影, 讲 的 是 一 个 名 叫 娜 乌 西 卡 的 勇 敢 女 孩

rú hé zhěng jiù tā de shì jiè hěn duō rén dōu xǐ huān zhè bù diàn yǐng
如 何 拯 救 她 的 世 界。很 多 人 都 喜 欢 这 部 电 影。

This series grew into a beautiful movie about a brave girl named *Nausicaä* who tries to save her world, just as he had imagined for a long time. Many people loved and praised it.

yóu yú zhè bù diàn yǐng de chéng gōng gōng zhāo jùn hé tā de péng you men
由于这部电影的成功,宫崎骏和他的朋友们

chéng lì le jí bǔ lì gōng zuò shì zài nà lǐ tā men kě yǐ jì xù
成立了吉卜力工作室,在那里他们可以继续

chuàng zuò gèng duō dòng huà diàn yǐng
创作更多动画电影。

Because of its success, Hayao and his friends started their own place called *Studio Ghibli*, where they could make more movies the way they wanted.

gōng zhāo jùn　zài jí bǔ lì gōng zuò shì chuàng zuò le　zhù míng de diàn yǐng
宫 崎 骏 在 吉 卜 力 工 作 室 创 作 了 著 名 的 电 影

lóng māo　　gù shì jiǎng shù le liǎng wèi jiě mèi hé yī gè páng dà
《龙 猫》，故 事 讲 述 了 两 位 姐 妹 和 一 个 庞 大、

yǒu hǎo de shén qí shēng wù　　lóng māo zhī jiān de yǒu yì
友 好 的 神 奇 生 物 — 龙 猫 之 间 的 友 谊。

At *Studio Ghibli*, Hayao created the famous movie, *My Neighbor Totoro*, about two sisters and a giant, friendly magical creature called Totoro.

zhè bù diàn yǐng měi lì de miáo huì le yǒu yì hé dà zì rán de qí miào
这 部 电 影 美 丽 地 描 绘 了 友 谊 和 大 自 然 的 奇 妙。

ràng rén yì xiǎng bù dào de shì lóng māo hòu lái chéng le yī gè ǒu xiàng
让 人 意 想 不 到 的 是， 龙 猫 后 来 成 了 一 个 偶 像，

shēn shòu xiǎo péng you hé dà rén men de xǐ ài
深 受 小 朋 友 和 大 人 们 的 喜 爱。

This movie beautifully depicted friendship and
the wonders of nature. To everyone's surprise,
Totoro became a cultural icon, beloved by
children and adults alike.

suī rán gōng zhāo jùn yù dào le hěn duō kùn nán dàn tā yī zhí méi yǒu fàng qì
虽然宫崎骏遇到了很多困难，但他一直没有放弃。

yǒu shí hou tā de xiǎng fǎ hé bié ren de bù yī yàng yǒu xiē rén xǐ huān tā de
有时候，他的想法和别人的不一样。有些人喜欢他的

zuò pǐn dàn yě yǒu xiē rén jué de tā de zuò pǐn duì hái zi lái shuō
作品，但也有些人觉得他的作品对孩子来说

tài nán dǒng le dàn bù guǎn zěn yàng gōng zhāo jùn shǐ zhōng jiān chí
太难懂了。但不管怎样，宫崎骏始终坚持

zì jǐ de mèng xiǎng
自己的梦想。

However, Hayao faced many challenges. Sometimes, his ideas were quite different from what other people expected. Some people liked his work, but others thought it was too complicated or abstract for children. Regardless, Hayao kept pushing forward.

tā yǔ qí tā yǒu cái huá de yì shù jiā hé gù shì jiǎng shù zhě men yī qǐ
他与其他有才华的艺术家和故事讲述者们一起

gōngzuò hù xiāng bāng zhù chuàng zuò le hěn duō jīng cǎi de gù shì hé
工作，互相帮助，创作了很多精彩的故事和

dòng huà diàn yǐng
动画电影。

He surrounded himself with other talented artists and storytellers. They worked hard, supported each other, and focused on creating even more amazing stories that touched the hearts of many.

gōng zhāo jùn hé tā de péng you men zhì zuò de měi yī bù diàn yǐng
宫崎骏和他的朋友们制作的每一部电影

dōu chōng mǎn le mào xiǎn hé měi lì de huà miàn
都充满了冒险和美丽的画面。

Each film Hayao and his friends made was filled with adventure and beautiful pictures.

tā de diàn yǐng kāi shǐ yíng dé guó jì zhī míng de jiǎng xiàng yě ràng quán
他的电影开始赢得国际知名的奖项，也让全

qiú guān zhòng kàn dào le rì běn dú tè de gù shì mèi lì
球观众看到了日本独特的故事魅力。

His movies started winning renowned international awards and introduced global fans to the unique beauty of Japanese storytelling.

gōng zhāo jùn chéng wéi le shì jiè wén míng de yì shù jiā　wú lùn tā qù dào
宫崎骏成为了世界闻名的艺术家。无论他去到
nǎ lǐ rén men dōu qī dài zhe tā de xià yī bù zuò pǐn　dàn tā shǐ zhōng jì de
哪里，人们都期待着他的下一部作品。但他始终记得，
zì jǐ xiǎo shí hou nà gè xǐ huān huà huà de xiǎo nán hái de mèng xiǎng
自己小时候那个喜欢画画的小男孩的梦想。

Hayao became famous all over the world. People eagerly welcomed
him everywhere he went, excited to see his next creation. But he
always remembered his dreams as a little
boy who loved to draw.

gōng zhāo jùn jiào huì le wǒ men xiǎng xiàng lì kě yǐ dài
宫崎骏教会了我们，想象力可以带

wǒ men qù wěi dà de mào xiǎn　wǒ men zhǐ xū yào xiāng xìn zì jǐ de
我们去伟大的冒险。我们只需要相信自己的

mèng xiǎng nǔ lì qù shí xiàn tā　yǒng yuǎn bù yào fàng qì jiù xiàng
梦想，努力去实现它，永远不要放弃—就像

tā diàn yǐng lǐ de yīng xióng men yī yàng
他电影里的英雄们一样。

Hayao taught us that our imaginations can lead to great adventures. All we need to do is believe in our dreams, work hard, and never give up.

Hayao Miyazaki's
Masterpieces

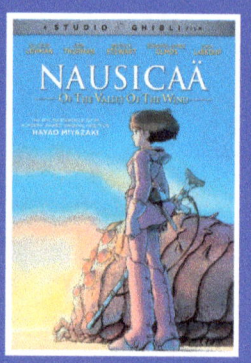

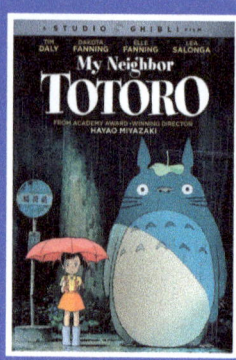

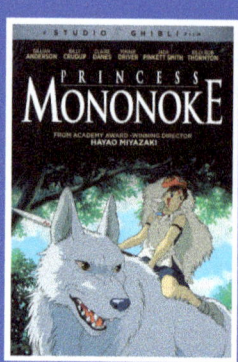

1984
Nausicaä of the Valley
of the Wind

1988
My Neighbor Totoro

1997
Princess Mononoke

In many of Hayao Miyazaki's stories, the main characters are often girls. They are lovely but also bold and brave, ready to solve big problems. Hayao dreamed of a world where strong girls lead the way. Many people loved his idea of girl power, especially since it was unusual at the time.

My Neighbor Totoro was very popular in Japan and loved by animation fans around the world. But it was *Princess Mononoke* that made him famous everywhere.

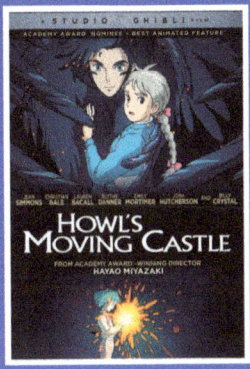

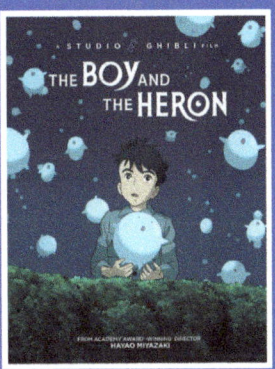

2001
Spirited Away

2004
Howl's Moving Castle

2023
The Boy and
The Heron

After that, *Spirited Away* came out, and people all over the world
praised it as a wonderful masterpiece. This made more people discover
his earlier movies, making *Studio Ghibli* and Miyazaki famous worldwide.

As he got older, he wanted to share his life stories and ideas with young
people. So, at 82, he released his newest movie, *The Boy and The Heron*.
This movie won him his first Golden Globe Award. His hard work and
dedication made him a master of animation, inspiring many artists
around the world.

UPFLY BOOKS

Paperback ISBN: 978-1-997856-11-5
Hardback ISBN: 978-1-998277-44-5

www.upflybooks.com

Photographic acknowledgements (pages 30-31): Amazon.com
All photos of movie posters (pages 30-31) © Studio Ghibli

Other Bilingual Simplified Chinese-English Books by the Author

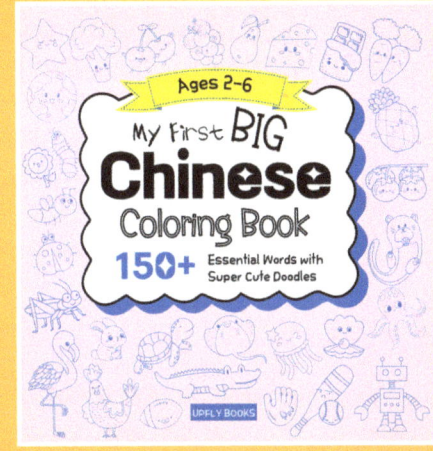

Hope you and your little one enjoyed our story!
If so, could you spare a moment to rate the book
or share your thoughts on Amazon?

Even a quick one-click rating would mean the
world to me. It helps me continue creating more
educational and fun stories for awesome kids like
yours.

Warm regards,
Yeonsil

P.S. Don't forget your free coloring + writing book:
upflybooks.com

www.ingramcontent.com/pod-product-compliance
Lightning Source LLC
Chambersburg PA
CBHW041130120626
46547CB00019B/2929